essentials

Essentials liefern aktuelles Wissen in konzentrierter Form. Die Essenz dessen, worauf es als „State-of-the-Art" in der gegenwärtigen Fachdiskussion oder in der Praxis ankommt. Essentials informieren schnell, unkompliziert und verständlich.

- als Einführung in ein aktuelles Thema aus Ihrem Fachgebiet
- als Einstieg in ein für Sie noch unbekanntes Themenfeld
- als Einblick, um zum Thema mitreden zu können.

Die Bücher in elektronischer und gedruckter Form bringen das Expertenwissen von Springer-Fachautoren kompakt zur Darstellung. Sie sind besonders für die Nutzung als eBook auf Tablet-PCs, eBook-Readern und Smartphones geeignet.

Essentials: Wissensbausteine aus Wirtschaft und Gesellschaft, Medizin, Psychologie und Gesundheitsberufen, Technik und Naturwissenschaften. Von renommierten Autoren der Verlagsmarken Springer Gabler, Springer VS, Springer Medizin, Springer Spektrum, Springer Vieweg und Springer Psychologie.

Jens Benicke

Autorität und Charakter

2., überarbeitete Auflage

Jens Benicke
Freiburg i. Br.
Deutschland

1. Auflage: Centaurus Verlag & Media 2012

ISSN 2197-6708   ISSN 2197-6716 (electronic)
essentials
ISBN 978-3-658-11183-0   ISBN 978-3-658-11184-7 (eBook)
DOI 10.1007/978-3-658-11184-7

Die Deutsche Nationalbibliothek verzeichnet diese Publikation in der Deutschen Nationalbibliografie; detaillierte bibliografische Daten sind im Internet über http://dnb.d-nb.de abrufbar.

Springer VS

Gedruckt auf säurefreiem und chlorfrei gebleichtem Papier

Springer Fachmedien Wiesbaden ist Teil der Fachverlagsgruppe Springer Science+Business Media
(www.springer.com)

*Wenn der Mensch von den Umständen
gebildet wird, so muss man die
Umstände menschlich bilden.
Friedrich Engels, Karl Marx 1845*

Was Sie in diesem Essential finden können

- Eine Darstellung der ideengeschichtlichen Vorgänger der Autoritarismustheorie
- Einen Überblick über die Theorie des autoritären Charakters
- Eine Vorstellung der Rezeption und der Kritik am Konzept des autoritären Charakters
- Eine kurze Übersicht über neuere Ansätze in der Autoritarismusforschung

Vorwort

Seit der Erstveröffentlichung dieses Textes 2012 sind die Themen Rassismus, Faschismus und Autoritarismus weiterhin aktuell geblieben. Phänomene wie die sogenannte „PEGIDA"-Bewegung, die Wahlerfolge der rechtspopulistischen „Alternative für Deutschland" und eine weiter steigende Anzahl rassistischer Übergriffe haben in Wissenschaft und Medien zu kontroversen Diskussionen über die Ursachen geführt. Auf die Theorie des autoritären Charakters wird dabei aber nur selten zurückgegriffen oder sie wird explizit zurückgewiesen. Wie dies etwa Oliver Decker in der Studie „Die Mitte in der Krise" tut. Doch obwohl das entsprechende Kapitel mit „Das Veralten des autoritären Charakters" überschrieben ist, konstatiert er, dass sich diese Charakterstruktur noch nicht erledigt habe (Decker 2010, S. 40).

Trotz der weitreichenden gesellschaftlichen Veränderungen seit der Entstehung des Konzeptes kann es m. E. auch weiterhin viel zur Erklärung der psychologischen Voraussetzungen autoritärer Denk- und Verhaltensweisen beitragen. Es könnte sogar über den „klassischen" faschistischen Charakter hinaus ausgeweitet werden und etwa zur Beantwortung der Frage, warum sich junge Menschen aus sicheren Verhältnissen in Europa der islamistischen Terrormiliz „Islamischer Staat" anschließen und in Syrien und im Irak Gräueltaten begehen und bereit sind für die scheinbar archaischen islamistischen Ideen zu sterben, fruchtbare Erkenntnisse liefern. Eine Diskussion über Parallelen in den Strukturmerkmalen faschistischer und islamistischer Bewegungen hat inzwischen eingesetzt (Abdel Samat 2014). Eine breitangelegte empirische Untersuchung über eine islamistische Ausprägung der autoritären Persönlichkeitsstruktur steht dagegen noch aus. Sie könnte aber entscheidende Erklärungsmuster zum Verständnis dieser Bewegung liefern. Der Autoritätsforschung ist hier noch ein breites Anwendungsgebiet gegeben.

Dieser Text ist zuerst 2012 in der Reihe Centaurus Pocket Apps des Centaurus Verlags erschienen und für dieses Essential noch einmal gründlich überarbeitet worden.

Inhaltsverzeichnis

Einleitung 1

Spätestens seit im November 2011 die Mord- und Anschlagsserie der neonazistischen Terrororganisation „Nationalsozialistischer Untergrund" (NSU) bekannt wurde, wird wieder über die Ursachen von rassistischer, faschistischer und autoritärer Gewalt diskutiert. Diese Diskussion kocht immer wieder dann hoch, wenn spektakuläre Ereignisse die Öffentlichkeit erschüttern.

Über die Gründe für rechtsextreme Einstellungen und Taten wird schon seit dem ersten Aufkommen faschistischer Regime gestritten. Bis heute wurden unzählige Theorien zur Erklärung des Phänomens entworfen.

Die Theorie der autoritären Persönlichkeit bzw. des autoritären Charakters als Erklärungsansatz für das Entstehen rechtsextremer Einstellungen ist dabei schon seit längerer Zeit in der akademischen Diskussion außer Mode gekommen. Dieser Text will untersuchen, ob dies zu Recht geschehen ist oder ob sich nicht doch mithilfe der Theorie des autoritären Charakters Erklärungen für den Rechtsextremismus finden lassen.

Das Konzept der autoritären Persönlichkeit entstand in den dreißiger Jahren des letzten Jahrhunderts als sozialpsychologischer Beitrag zur Erklärung der Erfolge des Faschismus. Denn anders als die meist marxistisch eingestellten Autoritarismusforscher erwartet hatten, führte die materielle Verelendung breiter Schichten der Bevölkerung in Deutschland nicht zur sozialen Revolution, sondern ganz im Gegenteil: Der Nationalsozialismus wurde zur Massenbewegung. Dies galt es zu erklären.

Der Ausgangspunkt für das Autoritarismuskonzept ist die allgemeine Frage nach den Bedingungen einer freiwilligen Unterordnung unter gesellschaftlicher Herrschaft. Diese Frage lässt sich bis zu Immanuel Kant zurückverfolgen, der in seiner Schrift „Beantwortung der Frage: Was ist Aufklärung?" (Kant 1784) bereits auf psychische Faktoren zur Erklärung gesellschaftlicher Herrschaft verweist. Für Kant ist Herrschaft ohne die Zustimmung der Beherrschten nicht möglich.

© Springer Fachmedien Wiesbaden 2016
J. Benicke, *Autorität und Charakter*, essentials, DOI 10.1007/978-3-658-11184-7_1

Im Folgenden sollen nun zunächst kurz die ideengeschichtlichen Voraussetzungen, auf die sich die Autoritarismusforschung stützt, dargestellt werden. Anschließend werden mit Wilhelm Reich und Erich Fromm zwei Vertreter der frühen Autoritarismusforschung diskutiert, bevor mit „The Authoritarian Personality" der wirkmächtigste Text dieses Theorieansatzes behandelt werden wird. Nach der Rezeptionsgeschichte und den am Konzept geäußerten Kritikpunkten werden am Schluss noch neuere Autoritarismustheorien vorgestellt. Doch beginnen wird diese Arbeit mit einer Darstellung von Heinrich Manns „Der Untertan", der schon vor den ersten wissenschaftlichen Forschungen eine literarische Beschreibung des autoritären Charakters vorlegt.

Heinrich Manns „Der Untertan"

In seinem bereits 1906 begonnenen „*Roman des bürgerlichen Deutschen unter der Regierung Wilhelms des Zweiten*" (Mann 1914, S. 479) beschreibt Heinrich Mann das Leben einer Person, deren Eigenschaften verblüffende Ähnlichkeiten zu der später entwickelten Theorie der autoritären Persönlichkeit aufweist.

Sein Protagonist Diederich Heßling wird als Sohn eines kleinen Papierfabrikanten geboren. Er geht zur Schule und lernt dort die Rohrstockpädagogik des Kaiserreichs kennen, der er sich willfährig unterwirft. Die strengen Lehrer bewundert er und gehorcht ihnen ohne nachzudenken. Den gutmütigen Pädagogen dagegen spielt er Streiche. Während seiner Universitätszeit schließt er sich einer schlagenden Verbindung an und ordnet sich in deren Hierarchie bereitwillig ein. Auch beim Militär akzeptiert er gerne die vorgegebene Rangordnung. Schließlich übernimmt er die väterliche Fabrik, in der er scharf gegen die Sozialdemokratie vorgeht. Sein Lebenslauf steht exemplarisch für den Typus des deutschen Untertanen der wilhelminischen Epoche.

Genau wie bei späteren Autoritarismustheorien beschrieben, entwickelt sich der autoritäre Charakter des Romanhelden Diederich Heßling durch die frühkindliche Sozialisation in einer patriarchalischen Familie. Aus der Unterordnung unter den strengen Vater entwickeln sich Ehrfurcht, Bewunderung und Liebe.

> Liebt er aber diesen Mächtigen, Stärkeren, und empfindet Lust an der Hingabe, so empfindet er oft auch gleichzeitig Neid und Hass, der er der Macht, von der er in jeder Beziehung abhängig ist, nicht zeigen kann. Gegenüber dem Schwächeren, Hilflosen fühlt er Verachtung und Feindseligkeit. Alle Gefühle, die dem Stärkeren nicht zum Ausdruck kommen können, entladen sich in genüsslich erlebter Grausamkeit und Aggression gegen den Schwächeren. (Lederer 1995, S. 28)

© Springer Fachmedien Wiesbaden 2016

J. Benicke, *Autorität und Charakter,* essentials, DOI 10.1007/978-3-658-11184-7_2

Damit erklärt Heinrich Mann die Grundgedanken des Autoritarismus; nämlich einerseits die lustvolle Unterwerfung unter die Macht und andererseits die Bereitschaft, aggressiv gegen Schwächere vorzugehen.

> Wer treten wollte, musste sich treten lassen, das war das eherne Gesetz der Macht. Diederich, nach seinem Anfall von Auflehnung, fühlte schon wieder den heimlichen Schauer dessen, den sie tritt [...]. (Mann 1914, S. 400)

Für Diederich Heßling – und damit für den autoritären Charakter, für den er steht – ist die Zugehörigkeit zur Macht alles. Ihr muss man sich vorbehaltlos unterwerfen. In ihr muss man aufgehen.

> Denn Diederich war so beschaffen, dass die Zugehörigkeit zu einem unpersönlichen Ganzen, zu diesem unerbitterlichen, menschenverachtenden, maschinellen Organismus, der das Gymnasium war, ihn so beglückte, dass die Macht, die kalte Macht, an der er selbst, wenn auch nur leidend teilhatte, sein Stolz war. (Mann 1914, S. 13)

Neben der im Zitat erwähnten Schule haben noch andere hierarchische Organisationen ihren Anteil an der Ausbildung des autoritären Charakters. Heinrich Mann beschreibt in seinem Roman noch das Militär und eine schlagende Studentenverbindung als Sozialisationsinstanzen, die Diederich Heßling prägen und zur Ausbildung seiner autoritären Persönlichkeitsstruktur beitragen.

Insgesamt lässt sich sagen, dass es sich bei Heinrich Manns Roman schon um eine literarische Vorwegnahme der später entwickelten Theorie des autoritären Charakters handelt.

Ideengeschichtliche Voraussetzungen

Die Theorie der autoritären Persönlichkeit greift zur Beantwortung der Frage nach der freiwilligen Unterordnung unter gesellschaftliche Herrschaft auf drei theoretische Traditionen zurück: Auf den historischen Materialismus Karl Marx', auf die Massenpsychologie Gustave Le Bons und auf die psychoanalytische Theorie Sigmund Freuds. Alle klassischen Autoritarismusforscher, ob nun Wilhelm Reich, Erich Fromm oder die Vertreter der kritischen Theorie, sind von diesen Traditionen beeinflusst. Erst die neueren Autoritarismustheorien rücken zunehmend davon ab und stellen kognitionspsychologische und lerntheoretische Ansätze in den Mittelpunkt ihrer Untersuchungen. Im Folgenden sollen nun kurz die ideengeschichtlichen Voraussetzungen, die für die Entstehung der Autoritarismustheorie wichtig sind, dargestellt werden.

3.1 Der historische Materialismus

Karl Marx beschreibt in der „Deutschen Ideologie" (Marx 1932) den später für die Autoritarismusforschung bedeutend werdenden Gedanken, dass die Verfügungsgewalt über die Produktionsmittel letztlich auch die Verfügung über die Gedanken, Orientierungen und Einstellungen der Menschen beinhaltet; d. h., dass die ökonomische Struktur der Gesellschaft ein spezifisches Autoritätsverhältnis hervorbringt.

> Man könnte sagen, Marx formuliere seine Theorie des Autoritätsverhältnisses in zwei Schritten. Erstens: Weil der Kapitalist die Verfügungsgewalt über die Produktionsmittel hat, wird er zum Produktionsleiter und damit zur Autorität. Zweitens: diese Autorität, die ursprünglich nur auf dem äußerlichen Attribut seiner Macht, nämlich der Verfügungsgewalt über die Produktionsmittel, basiert, entwickelt sich in der Wahrnehmung der abhängig Arbeitenden zu einem persönlichen Charaktermerkmal, zu einer Eigenschaft die ihm per se zukommt (Oesterreich 1996, S. 19).

© Springer Fachmedien Wiesbaden 2016
J. Benicke, *Autorität und Charakter,* essentials, DOI 10.1007/978-3-658-11184-7_3

Die kapitalistische Produktionsweise bringt also notwendigerweise aus sich selbst heraus ein Autoritätsverhältnis hervor, das dann naturalisiert und personalisiert wird. Derjenige, der die Produktionsmittel besitzt, bzw. die Verfügungsgewalt über diese innehat, bekommt dadurch eine scheinbar „natürliche" Autorität, die er gegenüber denen anwendet, die über keinerlei Produktionsmittel verfügen.

Mit diesem Aspekt des historischen Materialismus von Karl Marx lassen sich die materiellen Ursachen für das Autoritätsverhältnis erklären. Allerdings fehlt noch die psychologische Komponente, die die Frage nach einer für die spezifischen Machtverhältnisse im Kapitalismus funktionalen Persönlichkeitsstruktur erklären könnte. Auch die später analysierten Aspekte der lustvollen Unterwerfung unter eine Herrschaft fehlen bei Marx. Doch schafft er mit diesen Überlegungen aus seiner materialistischen Philosophie die Basis, auf der sich später die Autoritarismustheorie gründen kann.

3.2 Die Massenpsychologie Gustave Le Bons

Der erste Wissenschaftler, der differenziert die psychologischen Phänomene autoritärer Beziehungen beschreibt, ist der französische Psychologe Gustave Le Bon. Seine massenpsychologische Theorie analysiert den Eintritt breiter Bevölkerungsschichten in das politische Leben im Zeitalter der bürgerlichen Revolutionen des 18. und 19. Jahrhunderts. Le Bon will erklären, warum sich Individuen in Großgruppen zusammenfinden und wieso sie sich darin unterordnen. Sein 1895 erschienenes Hauptwerk „Psychologie der Massen" (Le Bon 2011) gilt inzwischen als Klassiker der Soziologie.

> Nach Le Bon sind die Hauptmerkmale des einzelnen in der Masse eine Aufgabe seiner bewussten Persönlichkeit, eine Dominanz unbewusster Regungen, Ausrichtung der Gedanken und Gefühle durch Beeinflussung und Übertragung in die gleiche Richtung, sowie ein Bedürfnis zur unverzüglichen Verwirklichung der eingeflößten Ideen. Der Mensch wird zu einem fremdgesteuerten Automaten, dessen bewusste Persönlichkeit schwindet und dessen Gedanken und Gefühle in die ihm vorgezeichnete Richtung gehen (Oesterreich 1996, S. 21 f.).

Gründe für das Aufgehen des Einzelnen in der Masse sieht Le Bon in der Erzeugung eines Gemeinschaftsgefühls, in der geistigen Übertragung der Interessen des Einzelnen auf die Masse und in einem hypnoseähnlichen Zustand, der durch einen charismatischen Führer erzeugt wird. Dies zeigt die große Bedeutung, die er der Rolle eines Führers beimisst. Für Heinrich Manns „Untertan" ist diese Führerpersönlichkeit der deutsche Kaiser Wilhelm II., für den Diederich Heßling ein Denkmal errichten lässt.

Le Bon beschreibt das Massenphänomen überzeugend, verzichtet dabei aber auf einen individualpsychologischen Ansatz. Deshalb ist seine Theorie auch keine Beschreibung einer autoritären Persönlichkeit, sondern sie untersucht lediglich die autoritäre Beziehung der Massen zu einem Führer.

3.3   Die psychoanalytische Theorie Sigmund Freuds

Sigmund Freud konnte auf der Theorie der Massenpsychologie von Le Bon aufbauen, kritisiert aber, dass dieser ein nur ungenügendes Verständnis des Verhältnisses von Führer und Geführten habe. Dieses Defizit führt Freud auf das Fehlen eines theoretischen Konzepts bei Le Bon zurück. Deshalb integriert Freud die massenpsychologischen Ansätze in seine allgemeine psychoanalytische Theorie. Er bindet darin die Autorität an die Bedürfnisse der Individuen. Diese geben nach Freud ihr Ich-Ideal auf und unterstellen es der Herrschaft eines Objektes, das durch einen Führer verkörpert wird.

> Mit diesem Ansatz wird erstmals eine individualpsychologische Theorie des Autoritätsverhältnisses geliefert. Autorität ist nicht mehr ein soziales Phänomen außerhalb des Individuums, sondern entsteht im Individuum als Ausdruck seiner Befindlichkeit, seiner Bedürfnisse und Gefühle. Autorität wird damit zu einem Attributionsphänomen (Oesterreich 1996, S. 26).

Dies stellt eine bedeutende Weiterentwicklung des Ansatzes von Gustave Le Bon dar. Allerdings lässt auch Freud eine ganze Reihe von Fragen unbeantwortet, an deren Beantwortung sich später die Autoritarismusforschung versucht. Dies betrifft z. B. die Frage, welche Menschen Autorität benötigen, oder wie sich das Autoritätsverhältnis im Einzelnen herausbildet. Auch die Frage der Beziehung von autoritärer Persönlichkeit zu den gesellschaftlichen Verhältnissen, also ob etwa die sozialen Umstände die Herausbildung autoritärer Charakterstrukturen fördern oder gar notwendig machen, wird nicht beantwortet.

Insgesamt lässt sich jedoch sagen, dass ohne die Freud'sche Psychoanalyse, genauso wenig wie ohne den historischen Materialismus und der Massenpsychologie, eine Theorie der autoritären Persönlichkeit nie entstanden wäre.

Der Freudomarxismus Wilhelm Reichs 4

Der erste Wissenschaftler, der die eben vorgestellten Theorien verknüpft, ist der marxistische Psychoanalytiker Wilhelm Reich. Reich geht von der Überlegung Karl Marx` aus, dass die Gedanken der herrschenden Klasse in jeder Epoche auch die herrschenden Gedanken seien.[1] Doch stellt er sich die Frage, wie die Gedanken der herrschenden Klasse zu den allgemein herrschenden Gedanken werden. Dies führt er auf die materielle Wirksamkeit von Ideologien zurück.

> In Anlehnung an Marx ging er davon aus, dass das Leben von Menschen nicht nur von den Bedingungen ihrer sozio-ökonomischen Lage bestimmt würde, sondern immer auch von der Ideologie der herrschenden Klasse. Diese Ideologie, die im Interesse von Herrschaftsstabilisierung, Unterordnung unter Autoritäten propagiere, manifestiere sich im Sozialisationsprozess und bestimme die Persönlichkeit der Menschen, ihr Denken, Fühlen und Handeln. So würden die sich verschärfenden ökonomischen Verhältnisse in Kombination mit den auf Unterordnung programmierten Persönlichkeitsstrukturen die Menschen politisch nach rechts drängen. (Oesterreich 1993, S. 11)

Nach Wilhelm Reich ist der Kern der Umsetzung gesellschaftlicher Herrschaft die Familie, die er *„Struktur und Ideologiefabrik der Gesellschaft" (Reich 1933, S. 50)* nennt. Durch Sexualunterdrückung und die Strukturaffinität von Familie

---

[1] „Die Gedanken der herrschenden Klasse sind in jeder Epoche die herrschenden Gedanken, d. h. die Klasse, welche die herrschende materielle Macht der Gesellschaft ist, ist zugleich ihre herrschende geistige Macht. Die Klasse, die die Mittel zur materiellen Produktion zu ihrer Verfügung hat, disponiert damit zugleich über die Mittel zur geistigen Produktion, so dass ihr damit zugleich im Durchschnitt die Gedanken derer, denen die Mittel zur geistigen Produktion abgehen, unterworfen sind. Die herrschenden Gedanken sind weiter nichts als der ideelle Ausdruck der herrschenden materiellen Verhältnisse, die als Gedanken gefassten, herrschenden Verhältnisse: also die Verhältnisse, die eben die eine Klasse zur herrschenden machen, also die Gedanken ihrer Herrschaft" (Marx 1969, S. 183).

© Springer Fachmedien Wiesbaden 2016
J. Benicke, *Autorität und Charakter,* essentials, DOI 10.1007/978-3-658-11184-7_4

und Gesellschaft entsteht eine Unterwerfungsbereitschaft. Das bedeutet, dass die Bedürfnisse des Kindes durch die Sozialisation in der kleinbürgerlichen Familie massiv unterdrückt werden. Dadurch werden ängstliche Menschen erzeugt, die sich zur Abwehr dieser Angst in Anpassung und Unterordnung flüchten.

> Die moralische Hemmung der natürlichen Geschlechtlichkeit des Kindes, deren letzte Etappe die schwere Beeinträchtigung der genitalen Sexualität des Kleinkindes ist, macht ängstlich, scheu, autoritätsfürchtig, gehorsam, im bürgerlichen Sinne brav und erziehbar; sie lähmt, weil nunmehr jede aggressive Regung mit schwerer Angst besetzt ist, die auflehnenden Kräfte im Menschen, setzt durch das sexuelle Denkverbot eine allgemeine Denkhemmung und Kritikunfähigkeit; kurz, ihr Ziel ist die Herstellung des an die privateigentümliche Ordnung angepassten, trotz Not und Erniedrigung sie duldenden Staatsbürgers. (Reich 1933, S. 50. Hervorhebung im Original)

Durch diesen Prozess der Sexualverdrängung ist der naturgegebene Rahmen der Befriedigung ausgeschlossen, was nach Reichs Auffassung zu Ersatzbefriedigungen führen muss. Die bei jedem Menschen naturgegeben vorliegende Aggressivität z. B. steigert sich dadurch zum brutalen Sadismus. Dies ist für Wilhelm Reich die Erklärung für die massenhafte Unterstützung zum imperialistischen Ersten Weltkrieg.

Mithilfe dieser von ihm „Sexualökonomie" genannten Methode beantwortet Reich die Ausgangsfrage, wie die Gedanken der Herrschenden zu den herrschenden Gedanken werden, folgendermaßen:

> Die Sexualhemmung verändert den wirtschaftlich unterdrückten Menschen strukturell derart, dass er gegen sein materielles Interesse handelt, fühlt und denkt. Das ist gleichbedeutend mit ideologischer Angleichung an die Bourgeoisie. (Reich 1933, S. 54)

In einer bürgerlichen Gesellschaft, in der alle Menschen der Totalität der Wertvergesellschaftung unterworfen sind, betreffen die eben beschriebenen Prozesse natürlich auch alle, allerdings je nach Sozialisationsprozess unterschiedlich stark.

> Diese (Unterwerfungsbereitschaft; Anm. des Verf.) ist als Produkt des Sozialisationsprozesses in jedem Individuum vorhanden, allerdings je nach Art des Sozialisationsprozesses mehr oder minder stark ausgeprägt. (Oesterreich 1996, S. 31)

Wilhelm Reich hat mit diesen Überlegungen, die auf einer Verbindung der Gedanken von Karl Marx und Sigmund Freud basieren, die Richtung für die kommenden Autoritarismustheorien vorgegeben.

Die Kritische Theorie 5

Nach dem Scheitern der Revolutionen in Westeuropa entsteht dort ein undogmatischer und kritischer Marxismus, der die Gründe für die Niederlage im Westen einerseits und die autoritäre Entwicklung in der Sowjetunion andererseits analysieren will. Dieser „westliche Marxismus" hat eines seiner Zentren im Frankfurter „Institut für Sozialforschung", das seit 1930 von Max Horkheimer geleitet wird. Dieser richtet das Institut als eine fächerübergreifende Forschungseinrichtung aus, die die Totalität der gesellschaftlichen Verhältnisse kritisch erfassen soll. Die Kritische Theorie verbindet dabei Philosophie, Soziologie, Psychologie, Ökonomie, Jurisprudenz, Literatur- und Musikwissenschaft, Kulturwissenschaft, Pädagogik und Politikwissenschaft.

Besorgt über die Regierungsübernahme durch die faschistische Partei in Italien und das Erstarken der nationalsozialistischen Bewegung in Deutschland, beginnt das Institut Anfang der 1930er Jahre eine erste empirische Untersuchung (Fromm 1980). Diese soll die politischen Einstellungen und den Sozialcharakter derjenigen Bevölkerungsgruppen untersuchen, die nach der Theorie dem Faschismus gegenüber immun sein sollten, die Arbeiter und Angestellten. Die von Erich Fromm, dem damaligen Leiter der Abteilung Sozialpsychologie des Instituts für Sozialforschung, durchgeführte Untersuchung ist damit die erste empirische Forschung zum autoritären Charakter. Diese wurde mit den damals in Europa kaum bekannten modernen, empirischen Erhebungsmethoden organisiert.

5.1 Erich Fromms sozialpsychologische Theorie

Die Ergebnisse der Berliner Arbeiter- und Angestelltenerhebung fallen ernüchternd aus. Nur bei 15 % der Befragten lässt sich aufgrund der Charakterstruktur auf eine gefestigte antifaschistische Einstellung schließen (Schwandt 2009, S. 72 ff.).

© Springer Fachmedien Wiesbaden 2016

J. Benicke, *Autorität und Charakter,* essentials, DOI 10.1007/978-3-658-11184-7_5

Das Frankfurter Institut beginnt deshalb schon früh erste Vorkehrungen für eine Verlagerung der Arbeit aus Deutschland zu treffen und eröffnet Zweigstellen in Genf und Paris.

Dort wird die nächste empirische Studie zur Autoritätsforschung durchgeführt, die „Studien über Autorität und Familie" (Institut für Sozialforschung 1936). Allerdings sind von dieser als empirische Studie angelegten Untersuchung v. a. die theoretischen Beiträge Erich Fromms wirkmächtig geworden. Fromm legt darin als erster einen ausgearbeiteten Entwurf einer autoritären Persönlichkeit vor, die er „autoritär-masochistische" bzw. „sadomasochistische Charakterstruktur" nennt. Für die Entstehung dieser Charakterstruktur ist für Fromm, genau wie für Wilhelm Reich, die Familie von herausgehobener Bedeutung. Für ihn ist die Familie die „psychologische Agentur der Gesellschaft [...]", die dafür zuständig ist, die „[...] Produktion der gesellschaftlich erwünschten seelischen Struktur" (Fromm 1936, S. 87) zu gewährleisten.

> Die äußere in der Gesellschaft wirksame Gewalt tritt dem in der Familie aufwachsenden Kind in der Person der Eltern und in der patriarchalischen Kleinfamilie speziell in der des Vaters gegenüber. (Fromm 1936, S. 84)

Der Vater vertritt dem Kind gegenüber also das Abbild der gesellschaftlichen Realität. Fromm verweist damit auf die Bedeutung, die die gesellschaftliche Struktur auf die Herausbildung eines autoritär-masochistischen Charakters hat. Denn seiner Meinung nach wird die autoritär-masochistische Charakterstruktur durch die gesellschaftlichen Bedingungen des kapitalistischen Systems gefördert, die durch eine spezifische Form des Autoritätsverhältnisses, nämlich der lustvollen Unterwerfung unter Autoritäten, gekennzeichnet ist. Die Autorität, der sich der autoritär-masochistische Charakter unterwirft, muss dabei nicht notwendigerweise eine Person sein.

> Wo dieser Charakter Macht spürt, muss er sie beinahe automatisch verehren und lieben. Dabei ist es gleich, ob es sich um die Macht eines Menschen, einer Institution, oder eines durch die Gesellschaft anerkannten Gedankens handelt. (Fromm 1936, S. 115)

Die Unterwerfung unter diese Autoritäten kommt u. a. dadurch zustande, dass der Einzelne einer Welt gegenübersteht, die er weder durchschauen noch beherrschen kann, der er also folglich hilflos ausgeliefert ist. Dies führt dazu, dass er Sicherheit und Selbstwertgefühl durch die Anlehnung an Autoritäten zu gewinnen versucht. Diesen Ansatz arbeitet Erich Fromm in seinem 1941 publizierten Werk „Escape from Freedom" (Fromm 1941) weiter aus.

Fromm schreibt über die autoritär-masochistische Charakterstruktur:

> Wenn mangelnde Fähigkeit zum selbständigen Handeln die Einstellung des autoritä-
> ren Charakters zum Stärkeren kennzeichnet, so bietet seine Einstellung zum Schwä-
> cheren und Hilflosen eine Kompensation. Ebenso automatisch wie Macht in ihm
> Furcht und, wenn auch ambivalente, Liebe erweckt, erweckt Hilflosigkeit in ihm Ver-
> achtung und Hass. (Fromm 1936, S. 116)

Genau diese charakterliche Disposition hatte Heinrich Mann virtuos anhand seines Protagonisten Diederich Heßling im „Untertan" beschrieben.

Fromm sieht in dieser autoritär-masochistischen Charakterstruktur den in der kapitalistischen Gesellschaft vorherrschenden Typus. Durch den hierarchischen Aufbau der Gesellschaft, der durch die Ökonomie vorgegeben ist, gibt es für beide Seiten des Sadomasochismus Befriedigungsmöglichkeiten. Auch ein in der sozialen Hierarchie weit unten stehendes Mitglied der Gesellschaft, das im öffentlichen Leben masochistisch den Autoritäten begegnet, hat im privaten Bereich die Möglichkeit, die andere Seite seiner Charakterstruktur zu befriedigen.

> [...] aber auch der einfache Mann hat noch Objekte zur Verfügung, die schwächer
> sind als er und die zu Objekten seines Sadismus werden. Frauen, Kinder und Tiere
> spielen in dieser Hinsicht eine äußerst wichtige sozialpsychologische Rolle. (Fromm
> 1936, S. 117)

Neben der bedeutenden Rolle, die die Familie bei der Herausbildung der autoritär-masochistischen Charakterstruktur hat, verweist Fromm noch auf die Religion und, ebenso wie Wilhelm Reich, auf die strenge Sexualmoral als bedeutende autoritätsfördernde Elemente.

Mit dieser Beschreibung in den „Studien über Autorität und Familie" formuliert Erich Fromm das erste theoretisch fundierte Konzept der autoritären Persönlichkeit und legt damit den Grundstein für alle weiteren Forschungen.

Seit Fromms Ausführungen steht für alle Autoritarismusforscher fest, dass die autoritäre Charakterstruktur „die menschliche Grundlage des Faschismus bildet" (Fromm 1936, S. 144).

5.2 „Studien zum autoritären Charakter"

Aufbauend auf den Ergebnissen der „Berliner Arbeiter- und Angestelltenerhebung" und den „Studien über Autorität und Familie" finden sich in den vierziger Jahren des vorigen Jahrhunderts in Berkeley zwei Forschergruppen zusammen, um eine Studie über den Zusammenhang zwischen Antisemitismus und Persönlichkeitsmerkmalen durchzuführen. Es sind dies die in die USA emigrierten Mitglieder des Frankfurter „Instituts für Sozialforschung" um Theodor W. Adorno und Mitglieder der „Berkeley Public Opinion Study".

Unter dem Schock der Vorgänge in Deutschland stellen sich die Forscher die Frage, ob solche oder ähnliche Ereignisse sich auch in den USA wiederholen könnten, welche Gründe dies haben könnte und wie eine solche Entwicklung zu verhindern wäre. Das Erkenntnisinteresse der Forschergruppe ist es, ein Verständnis für die psychologischen Mechanismen zu gewinnen, die einer Befürwortung faschistischer Ideen und dem Antisemitismus zugrunde liegen, d. h., eine Methode zu entwickeln, die es möglich macht, einen potenziellen Faschisten zu erkennen. Im Verlauf der Studie erweitert sich die Fragestellung dann auf die allgemeinere Frage des Zusammenhangs zwischen Vorurteilen gegenüber Minderheiten und der Persönlichkeitsstruktur. Diese Arbeit wird als „The Authoritarian Personality" zur bedeutendsten Studie der Autoritarismusforschung. Und das, obwohl in den Studien keine ausgearbeitete Theorie entwickelt wird – diese wird höchstens angedeutet – sondern weitgehend empirisch vorgegangen wird.[1]

„The Authoritarian Personality" ist dabei nur ein Band des größer angelegten Forschungsprojekts „Studies in Prejudice".

In den „Studien zum autoritären Charakter" wird von folgender Überlegung ausgegangen:

> Die Untersuchungen, über die hier berichtet wird, waren an der Hypothese orientiert, dass die politischen, wirtschaftlichen und gesellschaftlichen Überzeugungen eines Individuums häufig ein umfassendes und kohärentes, gleichsam durch eine ‚Mentalität' oder einen ‚Geist' zusammengehaltenes Denkmuster bildet, und dass dieses Denkmuster Ausdruck verborgener Züge der individuellen Charakterstruktur ist. (Adorno 1950, S. 1)

Dieser berühmt gewordene Einleitungssatz der Studien knüpft an die Forschungen von Wilhelm Reich und Erich Fromm an, deren Untersuchungen ebenfalls von dieser Hypothese ausgegangen sind. Die Autoren Theodor W. Adorno, Else Frenkel-Brunswick, R. Nevitt Sanford und Daniel J. Levison erweitern aber das bisher erarbeitete Konzept der autoritären Persönlichkeit, indem sie es weiter ausdifferenzieren und neun Unterkonzepte entwickeln, die den autoritären Charakter kennzeichnen. Diese Subskalen werden in folgender Übersicht aufgeführt:

---

[1] „Die Autoren von ‚The Authoritarian Personality' sind den theoretischen Problemen ausgewichen, indem sie ihre Annahmen als auf induktivem Wege gewonnene Abstraktionen ihres empirischen Materials bezeichnet haben. Sie sprechen auch bewusst von einem Persönlichkeitssyndrom, womit deutlich wird, dass es sich bei der autoritären Persönlichkeit nicht um ein klar begrenztes psychologisches Konzept handelt, sondern um eine Zusammenfügung verschiedener psychologischer Variablen zur Beschreibung eines real existierenden Typus." (Oesterreich 1996, S. 104).

Die Subskalen der F-Skala (Adorno 1999, S. 45)

a. *Konventionalismus.* Starre Bindung an die konventionellen Werte des Mittelstandes.

b. *Autoritäre Unterwürfigkeit.* Unkritische Unterwerfung unter idealisierte Autoritäten der Eigengruppe.

c. *Autoritäre Aggression.* Tendenz, nach Menschen Ausschau zu halten, die konventionelle Werte missachten, um sie verurteilen, ablehnen und bestrafen zu können.

d. *Anti-Intrazeption.* Abwehr des Subjektiven, des Phantasievollen, Sensiblen.

e. *Aberglaube und Stereotypie.* Glaube an die mystische Bestimmung des eigenen Schicksals; die Disposition in rigiden Kategorien zu denken.

f. *Machtdenken und „Kraftmeierei".* Denken in Dimensionen wie Herrschaft – Unterwerfung, stark – schwach, Führer – Gefolgschaft; Identifizierung mit Machtgestalten; Überbetonung der konventionalisierten Attribute des Ich; übertriebene Zurschaustellung von Stärke und Robustheit.

g. *Destruktivität und Zynismus.* Allgemeine Feindseligkeit, Diffamierung des Menschlichen.

h. *Projektivität.* Disposition, an wüste und gefährliche Vorgänge in der Welt zu glauben; die Projektion unbewusster Triebimpulse auf die Außenwelt.

i. *Sexualität.* Übertriebene Beschäftigung mit sexuellen ‚Vorgängen'.

Zu diesen Unterkonzepten schreiben die Autoren:

> Diese Variablen ergänzen sich unserer Meinung nach so, dass sie ein einziges Syndrom, eine mehr oder weniger dauerhafte Struktur im Individuum bilden konnten, die es für antidemokratische Propaganda anfällig macht. (Adorno 1999, S. 46)

Aufbauend auf dieser Konzeption des autoritären Charakters entwickelt die Forschergruppe nun eine sogenannte F(= Faschismus)-Skala, mit der Vorurteile gemessen werden sollen, ohne den Befragten diesen Zweck zu offenbaren und ohne Minderheitengruppen zu erwähnen. Die F-Skala besteht aus 38 Items, die im Verlauf der Studie insgesamt 2099 Personen vorgelegt werden. Während der Untersuchung werden immer wieder einzelne Items verändert, angepasst oder ganz verworfen. Als ein Beispiel für einen Satz aus der ursprünglichen Fassung der F-Skala (Form 78) soll hier der zweite Punkt zitiert werden:

> Mögen auch viele Leute spotten, es kann sich immer noch zeigen, dass die Astrologie
> vieles zu erklären vermag. (Adorno 1999, S. 41)

Zur Beantwortung der Sätze haben die Befragten die Möglichkeit von $+3$ ($=$ hohe
Zustimmung) bis -3 ($=$ hohe Ablehnung) zu wählen. Eine hohe Zustimmung zur
Beispielfrage etwa deutet auf Aberglaube und Stereotypie (Punkt e der Konzeption) hin. Mit einem Teil der Personen, die diesen Fragebogen ausgefüllt haben,
wird anschließend noch ein Tiefeninterview geführt, um zu sehen, ob die durch
den Fragebogen gewonnen Erkenntnisse auch zutreffen, und um einen Einblick auf
die hinter den antidemokratischen Ideologien liegenden psychologischen Faktoren
zu gewinnen. Die Tiefeninterviews bestätigen die F-Skala, sodass sich sagen lässt,
dass mit ihr ein Messinstrument geschaffen wurde, das den Ansprüchen an eine
quantitative Sozialforschung gerecht wird.

> Die Ergebnisse der Befragungen, Interviews und projektiven Tests hatten für ein
> begrenztes Sample gezeigt, dass der antisemitische bzw. faschistische Typ existierte
> und nicht eben selten war. Und in der Faschismus-Skala hatte man ein Instrument,
> mit dem sich notfalls auch ohne Erwähnung ideologischer Vorurteile Verbreitung und
> Grad faschistischer Trends feststellen ließen. (Wiggershaus 1988, S. 458)

Adorno weitet diese Konzeption im Forschungsbericht noch weiter aus. Im Kapitel „Typen und Syndrome" beschreibt er verschiedene Arten der autoritären Persönlichkeit, die zwar alle ihre Basis in den autoritären Sozialisationsbedingungen
haben, die sich aber durch die Dominanz verschiedener spezifischer Merkmale
unterscheiden. Damit differenziert er das Konzept des autoritären Charakters aus
und vermeidet so eine eindimensionale Sichtweise.

5.3   Rezeptionsgeschichte der Studien zum autoritären Charakter

Die „Studien zum autoritären Charakter" sind ohne Zweifel die wichtigste und
vor allem einflussreichste Arbeit zum Autoritarismus. In den fünfziger Jahren des
letzten Jahrhunderts sind die Studien das meistzitierte Werk der internationalen
Sozialwissenschaft. Bis heute sind weit über 2000 Publikationen zu diesem Thema
veröffentlicht worden. Allerdings sind die „Studien zum autoritären Charakter"
auch von Anfang an umstritten und es wird viel Kritik an ihnen geübt. Gerade in
Deutschland ist nach dem Erscheinen ein großer Widerstand gegen diese Theorie
– sowohl in der akademischen, als auch in der nichtakademischen Welt – zu verzeichnen (Schmidt 1995, S. 12 ff.).

Erst mit der Studierendenbewegung in den sechziger Jahren des letzten Jahrhunderts erfolgt eine breite und zustimmende Rezeption der Autoritarismusthesen. Der Einfluss der Kritischen Theorie und auch ganz speziell der Autoritarismusforschung des Frankfurter Instituts auf die rebellierenden Studierenden in der Bundesrepublik ist enorm (Benicke 2010, S. 28 f.). Dies drückt sich sogar an der Selbstbezeichnung großer Teile der Bewegung als Antiautoritäre aus.

Dieser Einfluss lässt sich etwa an Rudi Dutschkes Betonung der fortgesetzten Wirkmächtigkeit der autoritären Charakterstrukturen in der Bundesrepublik selbst nach der Niederlage des nationalsozialistischen Regimes feststellen. Für ihn habe sich die Persönlichkeitsgrundlage des deutschen Faschismus nahtlos in den Antikommunismus der Nachkriegsära transformieren lassen (Dutschke 1968, S. 58). Die antiautoritären Studierenden versuchen deshalb aus den Forschungen zum autoritären Charakter praktische Konsequenzen zu ziehen und experimentieren mit nicht-autoritären Formen der Erziehung und des Zusammenlebens, etwa in Kinderläden oder Kommunen. Diese breite Beschäftigung mit dem Thema endet aber wieder recht schnell, als sich große Teile der Protestbewegung von der Kritischen Theorie und überhaupt antiautoritären Positionen ab- und dem dogmatischen Marxismus-Leninismus zuwenden. Auch aus den gesellschaftlichen und akademischen Debatten wird die Theorie der autoritären Charakterstruktur spätestens in den 1980er-Jahren fast vollständig wieder verdrängt.

Als es dann ab 1990 im Kontext der Umbruchsituation in Osteuropa und des wachsenden Rassismus in Deutschland zu einer erneuten Beschäftigung mit dem Thema „Autoritarismus und Gesellschaft" kommt, gelten die Thesen der autoritären Persönlichkeit in Deutschland als längst widerlegt. Und so muss es nach 1990 fast zu einer zweiten Entdeckung der Autoritarismustheorien kommen, in deren Folge dann eine ganze Reihe von neuen Untersuchungen angestellt werden.

5.4 Kritik an den Studien zum autoritären Charakter

Wie im vorigen Kapitel schon kurz erwähnt, sind die Thesen aus „The Authoritarian Personality" nicht unumstritten und folglich wird auch viel Kritik an ihnen geübt.

Selbst aus den Reihen der antiautoritären Studierenden, die auf der Grundlage der Autoritarismusforschung praktische Konsequenzen ziehen, gibt es – wenn auch solidarische – Kritik. So wirft etwa der Adorno-Schüler und wichtigste Theoretiker der Bewegung, Hans-Jürgen Krahl, der Kritischen Theorie vor, dass deren Untersuchungen zur autoritären Persönlichkeit von der bürgerlichen Familie und einem bürgerlichen Begriff von Individualität ausgehen und damit die Wirklichkeit proletarischer Lebensverhältnisse verfehlen würden (Krahl 1971, S. 291).

Der Hauptpunkt der akademischen Kritik bezieht sich dagegen auf vermeintliche methodische Schwächen der F-Skala. In diesem Zusammenhang werden v. a. zwei Punkte immer wieder genannt:

1. Die Bildungsanfälligkeit, d. h. die F-Skala, würde durch ihre Struktur bewirken, dass gebildete Menschen weniger autoritär erscheinen.
2. Die sogenannte „acquiescense-respond-set"-Anfälligkeit, d. h. die Tendenz, bei Fragebögen mit Ja zu antworten.

Während die Bildungsanfälligkeit ein bis heute ungelöstes Problem bleibt, gibt es zur „acquiescence-respond-set"-Anfälligkeit unterschiedliche Auffassungen. Einige Wissenschaftler sehen in der „acquiescense-respond-set"-Anfälligkeit überhaupt kein methodisches Problem, sondern im Gegenteil, sogar eine Bestätigung für den Autoritarismus der Befragten.

> Freyhold hingegen sieht die Validität der F-Skala an dieser Stelle nicht gefährdet, sie schreibt ‚dass acquiescense response-sets, also die Neigung, im Zweifelsfall einem Satz zuzustimmen, ein gültiges Indiz für den Konventionalismus autoritärer Charaktere ist.' (Rippl et al. 2000, S. 18)

Insgesamt gesehen führen die methodischen Kritikpunkte zu einer Vielzahl von überarbeiteten Skalen: John J. Ray zählt 1984 bereits allein in der englischsprachigen Literatur 37 alternative Skalen, die alle auf dem Konzept der F-Skala basieren.

Ein weiterer, diesmal inhaltlicher Kritikpunkt an den „Studien zum autoritären Charakter" ist der Vorwurf der psychologischen Reduktion: Den Autoren wird vorgeworfen, sie würden gesellschaftliche Phänomene auf das Verhalten von Individuen zurückführen und damit letztlich gesellschaftliche Prozesse durch psychische Faktoren erklären wollen. Auf diesen Vorwurf antworten Adorno und Horkheimer 1952:

> Wohlverstanden: Es geht nicht darum, das Auftreten totalitärer Systeme einfach psychologisch zu erklären. Die Gewalt solcher massenfeindlichen Massenbewegungen rührt von mächtigen politischen und wirtschaftlichen Interessen, und ihre Anhänger, die sich nicht umsonst Gefolgschaft nennen, sind keineswegs ihre bestimmenden Träger. Dennoch bedürfen die Nutznießer jener Bewegung in der modernen Massengesellschaft der Massen. Die Studien nun zeigen die unbewussten seelischen Bedingungen auf, unter denen Massen für eine Politik gewonnen werden können, die ihren eigenen vernünftigen Interessen entgegengesetzt ist. (Horkheimer und Adorno 1952, S. 284 f.)

Adorno und Horkheimer können diese Kritik hier souverän zurückweisen. Folglich führt das Institut nach seiner Rückkehr nach Frankfurt auch erneut eine empirische Studie über die Verankerung der Demokratie und die Auseinandersetzung mit dem NS-Regime im Nachkriegsdeutschland durch (Pollock 1955).

Ein dritter Kritikpunkt ist der, dass sich die Studien nur auf den rechten Autoritarismus konzentrieren und einen vermeintlich linken Autoritarismus außer Acht lassen. An dieser Frage entspannt sich bis heute eine heftige wissenschaftliche Kontroverse, da verschiedene Forscher die Existenz eines linken Autoritarismus bestätigen, andere wiederum diesen widerlegen. Christel und Wulf Hopf weisen etwa auf zentrale Unterschiede in den Zielsetzungen und Inhalten rechter und linker Ideologien hin.

> Betrachtet man etwa den Aspekt der autoritären Aggression, so richtet sich diese im rechten Lager eindeutig gegen Schwächere und Minderheiten, ein Muster, das im linken Lager so nicht zu finden ist. (Rippl et al. 2000, S. 20)

Der Bildungswissenschaftler Detlef Oesterreich schreibt über die Diskussion eines linken Autoritarismus:

> Zusammenfassend lässt sich sagen, dass es keine abgesicherte empirische Evidenz für die Existenz eines Left-Wing-Authoritarism gibt. Autoritäre Persönlichkeiten stehen grundsätzlich auf der Seite der gesellschaftlichen Macht und sind von daher in den westlichen Industrienationen politisch ‚rechts'. (Oesterreich 1996, S. 60)

Diese Argumentation Oesterreichs würde aber folgerichtig bedeuten, dass sich autoritäre Persönlichkeiten etwa in den sich politisch links definierenden Staaten des ehemaligen Ostblocks an die damaligen „linken" Machthaber angelehnt haben dürften und es somit doch einen linken Autoritarismus geben würde. Wobei natürlich die Frage aufgeworfen werden kann, ob die verschiedenen realsozialistischen Regimes als politisch links beschrieben werden können.

Ein weiterer, m. E. gravierenderer Kritikpunkt ist die Frage nach der Übertragbarkeit der Ergebnisse auf verschiedene Gesellschaften und politische Kulturen (vgl. Lederer 1995, S. 31 f.). So haben Reich und Fromm ihre Ergebnisse aufgrund der Studien und Erfahrungen in Deutschland formuliert. Die Autoren der „Authoritarian Personality" übertragen dann diese Überlegungen auf die USA, ohne die möglichen Unterschiede der beiden Systeme zu reflektieren. Auch ist für heutige Untersuchungen die Zeitgebundenheit zu beachten. Schließlich haben sich z. B. Familienstrukturen, die zur Herausbildung einer autoritären Persönlichkeit eine bedeutende Rolle spielen, seit den Forschungen von Reich, Fromm und Adorno nachhaltig verändert.

Doch betonen Verteidiger der Autoritarismustheorie, dass autoritäre Persönlich-
keitsstrukturen auch heute noch relevant sind und somit die klassischen Studien
weiterhin ihre Berechtigung haben. Auch wenn sich heute etwa die Rolle der Familie im Sozialisationsprozess gewandelt hat, so zeigen allein die Wahlerfolge rechts-
populistischer und faschistischer Parteien in Europa, dass das autoritäre Potenzial
nichts von seiner Gefährlichkeit verloren hat.

Anstelle der Familie übernehmen heutzutage oftmals die Medien eine bedeutende Rolle im Prozess des Erwachsenwerdens. Moshe Zuckermann fragt deshalb,
„ob dieses Autoritäre nicht gerade in der immanenten Logik und Struktur der Kulturindustrie seinen (un) würdigen (sic) Nachfolger gefunden haben mag" (Zuckermann 2000, S. 90).

Und Jan Weyand führt aus:

> Das ‚Scharnier', die systematische Beziehung zwischen gesellschaftlicher Herrschaft
> und ihrer Verinnerlichung, die sich psychisch darstellt als gesellschaftlich erzwun-
> gene Kollision von narzisstischer Besetzung der eigenen Person mit ihrer perma-
> nenten Beschädigung, erklärt, warum der bestehenden Gesellschaft eine Tendenz zur
> Barbarei immanent ist. (Weyand 2000, S. 72)

Die gesellschaftlichen Verhältnisse erfordern also weiterhin die autoritären Persön-
lichkeitsstrukturen ihrer Mitglieder, auch wenn sich die konkrete Rolle der Familie
im Sozialisationsprozess geändert hat. Der autoritäre Charakter bleibt somit auch
heute noch die menschliche Grundlage autoritärer Bewegungen und Systeme.

Aus den oben erwähnten Kritikpunkten an den „Studien zum autoritären Charakter"
entwickeln sich eine ganze Reihe neuer Autoritarismustheorien. Einige Beispiele
dafür sollen nun kurz vorstellt werden. Insgesamt lässt sich aber schon vorweg-
nehmen, dass diese Theorien, mit Ausnahme des Dogmatismuskonzeptes von Rokeach, das Problem des Autoritarismus in einen allgemeineren Kontext stellen und
die Anzahl der Phänomene, die die Konzepte dann erklären sollen, reduziert werden. Der Erklärungsanspruch wird insgesamt gesehen reduziert. Auch fehlt meist
eine kritische Analyse der bestehenden Gesellschaftsordnung, die die Forschungen
der klassischen Theorien zum autoritären Charakter noch ausgezeichnet hat.

6.1 Das Dogmatismuskonzept von Rokeach

Die nach der „Authoritarian Personality" nächste theoriebildende Arbeit ist das
Dogmatismuskonzept von Rokeach. Der Sozialpsychologe Milton Rokeach versucht, eine politisch neutrale Theorie zu entwickeln, um damit das Problem des
Left-Wing-Authoritarism lösen zu können. Sein Konzept beruht auf einem kog-
nitionspsychologischen Ansatz. Danach bestimmt sich der Autoritarismus, den
Rokeach „Dogmatismus" nennt, durch einen hohen Grad an Geschlossenheit des
kognitiven Systems einer Person.

Der Grad der Offen- oder Geschlossenheit kognitiver Systeme bestimmt sich nach
Rokeach durch das antagonistische Wirken zweier fundamentaler Motive im Dienste
der kognitiven Umweltstrukturierung, nämlich einem Bedürfnis, Informationen zu
sammeln und einzuordnen, und einem Bedürfnis bedrohliche Aspekte der Realität
abzuwehren, sie nicht wahrzunehmen. Ein kognitives System ist dann offen, wenn

© Springer Fachmedien Wiesbaden 2016

J. Benicke, *Autorität und Charakter*, essentials, DOI 10.1007/978-3-658-11184-7_6

das Bedürfnis Informationen zu sammeln, stärker ist als das Bedürfnis, bedrohliche Aspekte der Realität abzuwehren, und geschlossen, wenn das Bedürfnis der Abwehr dieser Aspekte das Informationsbedürfnis überlagert. (Oesterreich 1996, S. 96)

Obwohl Rokeach mit seinem Dogmatismuskonzept eine Abkehr vom psychoanalytischen Ansatz betreibt, bleibt doch die Phänomenologie der autoritären Persönlichkeit gleich. Er beruft sich dabei besonders auf Fromm und dessen Gedanken, dass eine autoritäre Persönlichkeit sich in den Autoritarismus flüchtet, weil sie sich in der unübersichtlichen gewordenen Welt nicht zurechtfindet. Aber im Gegensatz zur klassischen Autoritarismusforschung führt Rokeach dies allein auf psychologische Strukturen innerhalb des Individuums zurück. Dies führt dann aber zu dem Problem, dass psychische Strukturen sich kaum mit Fragebögen nachweisen lassen:

„Grundsätzlich ist das Dogmatismuskonzept mit Hilfe von Fragebögen überhaupt nicht zu erfassen." (Oesterreich 1996, S. 69) Damit bleibt Rokeachs Ansatz, im Gegensatz zur F-Skala, reine Theorie, die sich nicht belegen lässt.

6.2   Rubenowitz' Rigiditäts-Flexibilitätskonzept

George Rubenowitz' Rigiditäts-Flexibilitätskonzept lehnt sich eng an die Erkenntnisse von Rokeach an.

> Ganz ähnlich wie Rokeach den Dogmatismus, führt Rubenowitz die Entwicklung von kognitiver Rigidität auf einengende Sozialisationserfahrungen im Kindheitsalter zurück, die das Bedürfnis des Kindes nach einer selbstbestimmten Aneignung von Welt einschränken und dem Kind die Normen der Erwachsenen aufzwingen. (Oesterreich 1996, S. 70)

Der Unterschied zu Rokeach besteht darin, dass Rubenowitz Dogmatismus und Rigidität nicht trennt, während diese Trennung bei Rokeach eine bedeutende Rolle spielt. Rigidität bedeutet für Rokeach die Unfähigkeit zur Entwicklung neuer Verhaltensweisen, während er den Dogmatismus als Unfähigkeit, neue Verhaltensweisen anwenden zu können, definiert. Rubenowitz sieht dagegen keinen Unterschied zwischen beiden.

Die Schwäche des Rubenowitz'schen Konzepts liegt in seiner schwachen theoretischen Begründung. So führt er als Ursache für rigides Verhalten sowohl frühkindliche Sozialisation, als auch Vererbung, kulturelle Rahmenbedingungen und situationelle Faktoren an. Diese Aufzählung fast aller denkbaren Gründe macht die Begründung beliebig und erklärt somit überhaupt nichts mehr. Das einzig für die Forschung weiterführende Element ist die Einführung situationeller Faktoren. Dieser Ansatz wird bei späteren Autoritarismusforschungen weiter vorangetrieben.

6.3 Bob Altemeyers Right-Wing-Authoritarism

Seit den siebziger Jahren untersucht der kanadische Psychologieprofessor Bob Altemeyer das rechtsgerichtete Autoritarismussyndrom. Er umgeht damit die Auseinandersetzung mit einem vermeintlichen Left-Wing-Authoritarism, da er sich von vorneherein nur auf den Right-Wing-Authoritarism konzentriert. Auch das Problem der sog. „aquiscent-respond-set" löst er mit seiner „Right-Wing-Authoritarism-Scale" (RWA), indem die Skala sowohl Sätze enthält, denen ein Autoritärer zustimmen müsste, als auch Sätze, die er ablehnen müsste. Neben dieser RWA-Skala experimentiert Altemeyer auch im Rahmen von Lernexperimenten mit der Verabreichung von fingierten Elektroschocks, ähnlich dem sog. Milgram-Experiment.

Im Unterschied zu den Autoren der „Studien zum autoritären Charakter" reduziert Altemeyer zur Beschreibung des autoritären Charakters seine Skala auf nur drei Konstrukte. Er hält die autoritäre Unterwürfigkeit, die autoritäre Aggression und den Konventionalismus für ausreichend, um einen Rigth-Wing-Authoritarism festzustellen. Ebenfalls im Unterschied zu früheren Autoritarismusforschungen geht Altemeyer nicht davon aus, dass die frühkindliche Sozialisation in einer autoritären Familie eine Vorbedingung für die Herausbildung eines autoritären Charakters ist, sondern er vertritt die Theorie des sozialen Lernens. Dies bedeutet, er sieht eine direktere Verbindung zwischen den autoritären Eltern und ihren Kindern. Die Eltern geben ihre autoritären Einstellungen also direkt als Erziehende und Vorbilder an die Kinder weiter.

In einem Vergleich, den andere Autoritarismusforscher zwischen der F-Skala und der RWA-Skala anstellen, kommen sie zu der Erkenntnis, dass sich in den Ergebnissen keinerlei Unterschiede feststellen lassen, d. h., dass beide Skalen gleich gut geeignet sind, den Autoritarismus zu erforschen (Lederer 1995, S. 38).

Kritik an Altemeyers Forschung wird v. a. an der Tatsache formuliert, dass sich seine Befragungen weitgehend auf Erstsemesterstudierende der Psychologie und deren Eltern und Freunde beschränkt. Es lässt sich also nicht von einer repräsentativen Forschung sprechen.

6.4 Rigider Konventionalismus

Etwa zur gleichen Zeit, in der Altemeyer in Kanada seine Forschungen durchführt, beginnt in Deutschland Detlef Oesterreich mit ersten Autoritarismusbefragungen. Oesterreich kritisiert, dass die Autoren der „Authoritarian Personality" ihre theoretischen Vorgaben nicht darlegen und knüpft deshalb wieder an die Forschungen von Reich und Fromm an. Genau wie seine Vorbilder geht Oesterreich davon aus, dass die autoritäre Persönlichkeit kein Außenseiter ist, sondern der der gegebenen

Gesellschaftsformation angepasste Typus. Er sieht allerdings Unterschiede in den Sozialisationsbedingungen der 1930er-Jahre während der Forschungen von Reich und Fromm und der 1970er–Jahre, als er seine Forschungen beginnt. Er beschränkt deshalb seine Untersuchung auf die Variablen *rigide Einstellung*, *rigides Verhalten* und *Konformität*, mit denen sich seiner Meinung nach der heutige autoritäre Charakter beschreiben lässt.

Kritisch beachtet wird an dieser frühen Forschung von Oesterreich, dass er seine theoretischen Analysen über die Sozialisationsbedingungen ohne Modifikationen aus den USA übernimmt und damit kulturelle Unterschiede ignoriert. Außerdem stelle die geringe Anzahl der von ihm befragten Personen keine repräsentative Basis dar (Lederer 1995, S. 44 f.). Einige Jahre später rückt dann auch Oesterreich selbst von diesem Ansatz ab und entwickelt eine neue Autoritarismustheorie.

6.5   Die Theorie der autoritären Reaktion

Oesterreich orientiert sich im Verlauf seiner Forschungen weg von seinem ursprünglichen Konzept des „Rigiden Konventionalismus" und entwickelt die Theorie des autoritären Verhaltens, bzw. der autoritären Reaktion. Sie geht davon aus, dass Individuen sich in Situationen von Angst und Verunsicherung in die Sicherheit von Schutz bietenden Instanzen flüchten. Dabei stützt er sich v. a. auf die Überlegungen, die Erich Fromm in „Escape from Freedom" anstellt. Die Schutz bietenden Instanzen werden durch die Flucht und eine nachfolgende emotionale Bindung für das Individuum zu Autoritäten. Autorität ist aus dieser Sicht keine Eigenschaft von Individuen, sondern das Ergebnis einer Attribution auf der Grundlage erfolgreicher Angstreduzierung. Wer das Individuum von Angst und Verunsicherung befreit, ihm Handlungsrichtlinien gibt, wird zur Autorität. Dies bedeutet, autoritäres Verhalten muss nicht immer Ausdruck einer autoritären Persönlichkeit sein, sondern kann auch situationsspezifisch erzeugt werden. Als Beispiele hierfür werden meist das Gefängnisexperiment der Universität von Stanford und die Milgram-Experimente angeführt.

Das Stanford-Gefängnisexperiment wird 1971 vom amerikanischen Psychologen Philip Zimbardo durchgeführt. Er teilt dabei 24 durchschnittliche Probanden in zwei Gruppen ein, einmal in „Wärter" und einmal in „Gefangene". Diese sollen nun den Alltag in einem Gefängnis „nachspielen". Nach nur sechs Tagen muss das Experiment allerdings bereits abgebrochen werden, da es außer Kontrolle geraten ist. Die „Wärter" zeigen extrem sadistische Verhaltensweisen gegenüber den „Gefangenen", die wiederum mit einem Aufstand gegen die „Misshandlungen" rebellieren. Das Experiment zeigt anschaulich, wie dünn die zivilisatorische Schicht ist, wenn Menschen die Möglichkeiten bekommen, ihre Macht unbegrenzt auszunutzen.

Ein ähnliches Ergebnis zeigt das sog. Milgram-Experiment, das bereits 1961 vom Psychologen Stanley Milgram in New Haven durchgeführt wird. Die Versuchsanordnung ist folgendermaßen eingerichtet: Ein Versuchsleiter stellt einem „Schüler" Fragen, wenn dieser falsche Antworten gibt, bekommt er von einem „Lehrer" elektrische Schläge. Der „Schüler" ist dabei ein Schauspieler, der in das Experiment eingeweiht ist und die elektrischen Schläge nur simuliert. Die wahre Versuchsperson ist der „Lehrer", der scheinbar Stromschläge zu verteilen hat. Der Versuchsleiter fordert ihn bei falschen Antworten des „Schülers" auf, diesen mittels Stromschlägen zu bestrafen, bei jeder weiteren falschen Antwort wird die Stromstärke scheinbar erhöht. Der „Schüler" reagiert darauf mit immer lauteren Schmerzensschreien, bis er bei mehr als 330 V verstummt. Trotz dieser offensichtlichen Misshandlung des „Schülers" gehen von 40 Probanden 26 bis zur maximalen Spannung von 450 V. Und auch die 14 Teilnehmer, die den Versuch vorher abbrechen, sind noch bis mindestens 300 V gegangen.

Auf diese Experimente antwortet R. Nevitt Sanford, einer der Autoren der Berkeley Gruppe, mit der Feststellung, dass die Experimente zu dem Konzept der autoritären Persönlichkeit, wie es von ihnen entwickelt wurde, nicht im Kontrast stehen würden.

> Sanford hat zur Verteidigung des Persönlichkeitsansatzes darauf hingewiesen, dass situationsspezifische Faktoren zwar eine große Rolle spielten, andererseits aber gerade Autoritarismus eine Variable sei, die geeignet ist, die unterschiedliche Bereitschaft, situationellem Druck nachzugeben zu erklären. (Lederer 1995, S. 99)

Belegt wird seine Aussage durch die Ergebnisse der Untersuchungen von Alan Elms und Stanley Milgram, die gezeigt haben, dass autoritäre Persönlichkeiten eher bereit sind, der Aufforderung Elektroschocks zu geben, zu folgen.

Insgesamt muss zur Theorie der autoritären Reaktion gesagt werden, dass sie eine primär psychoanalytisch orientierte Sichtweise sozialisatorischer Einflüsse ablehnt, und von einer Theorie des sozialen Lernens ausgeht. Oesterreich entwickelt sich also sehr weit vom ursprünglichen Konzept einer autoritären Persönlichkeit weg.

Wenn man davon ausgeht, dass die verunsichernde Situation als Alleinauslöser der autoritären Reaktion angesehen wird, stellt dies einen Widerspruch zur ursprünglichen Theorie der autoritären Persönlichkeit dar. Vereinbar wird sie aber wieder, wenn man annimmt, dass Bedrohungssituationen bereits vorhandene Charakterdispositionen aktivieren. In diesem Sinne würde die Theorie der autoritären Reaktion eine fruchtbare Ergänzung der ursprünglichen Autoritarismustheorien darstellen.

Zusammenfassung und Ausblick 7

Die Theorien zur autoritären Persönlichkeit gehen von der Grundfrage aus, warum sich Menschen freiwillig Autoritäten unterordnen. Die Beantwortung der Frage soll Aufschluss darüber geben, warum spezielle Personen anfällig sind für faschistisches Gedankengut. Aufbauend auf den ideengeschichtlichen Voraussetzungen des historischen Materialismus, der Massenpsychologie und der Psychoanalyse entwerfen die frühen Autoritarismusforscher Wilhelm Reich und Erich Fromm spezielle Charaktere, die aufgrund ihrer frühkindlichen Sozialisation in einer hierarchisch strukturierten, kapitalistischen Gesellschaft zu autoritären Einstellungen neigen. Empirisch nachweisbar wird dieser potenziell faschistische Charakter durch die F-Skala, die in den vierziger Jahren des zwanzigsten Jahrhunderts von Adorno und Kollegen in den „Studien zum autoritären Charakter" entwickelt wird. Aus einer ganzen Reihe von Kritikpunkten an diesem Konzept entwickeln sich neue Autoritarismustheorien. Diese reduzieren meist ihren Erklärungsanspruch. Auch wird sich, v. a. durch die Untersuchungen von Rokeach, immer weiter vom psychoanalytischen Ansatz der klassischen Autoritarismustheorien entfernt und stattdessen auf kognitionspsychologische Erklärungsmuster gesetzt. Durch die Betonung der situationellen Faktoren, v. a. in den Forschungen von Oesterreich, könnte die Autoritarismusforschung fruchtbar erweitert werden. Allerdings sollte dabei nicht auf eine kritische Analyse der bestehenden Gesellschaftsordnung verzichtet werden, wie es in den neueren Autoritarismustheorien leider meist der Fall ist. Ebenfalls notwendig wären eine Beschäftigung mit den veränderten Erziehungs- und Familiensituationen und die Berücksichtigung kultureller Unterschiede in den untersuchten Gesellschaften. Wird dies berücksichtigt, könnte das Konzept auch auf weitere Phänomene autoritärer politischer Bewegungen, wie den Islamismus, ausgeweitet werden und auch dazu hilfreiche Erkenntnisse liefern.

© Springer Fachmedien Wiesbaden 2016

J. Benicke, *Autorität und Charakter*, essentials, DOI 10.1007/978-3-658-11184-7_7

Was Sie aus diesem Essential mitnehmen können

- Die Theorie des autoritären Charakters kann auch heute noch fruchtbare Erkenntnisse für die Erklärung von rechtsextremen Einstellungen liefern
- Die Erkenntnisse, die neuere Autoritarismustheorien geliefert haben, können lohnende Ergänzungen zur klassischen Theorie des autoritären Charakters liefern
- Autoritarismustheorien dürfen sich nicht sich allein auf psychologische Erklärungsmuster stützen, sondern müssen eine kritische Theorie der Gesellschaft beinhalten

© Springer Fachmedien Wiesbaden 2016
J. Benicke, *Autorität und Charakter,* essentials, DOI 10.1007/978-3-658-11184-7

Literatur

Abdel-Samat, Hamed. 2014. *Der islamische Faschismus. Eine Analyse.* München: Droemer.

Adorno, Theodor W. 1999. *Studien zum autoritären Charakter. Übersetzt von Milli Weinbrenner mit einer Vorrede von Ludwig von Friedeburg.* 3. Aufl. Frankfurt a. M.: Suhrkamp.

Benicke, Jens. 2010. *Von Adorno zu Mao. Über die schlechte Aufhebung der antiautoritären Bewegung.* Freiburg: ca-ira-Verlag.

Decker, Oliver, Marliese Weißmann, Johannes Kies, und Elmar Brähler. 2010. *Die Mitte in der Krise. Rechtsextreme Einstellungen in Deutschland 2010.* Berlin: Friedrich-Ebert-Stiftung.

Dutschke, Rudi. 1968. Die Widersprüche des Spätkapitalismus, die antiautoritären Studenten und ihr Verhältnis zur Dritten Welt. In *Die Rebellion der Studenten oder die neue Opposition,* Hrsg. Uwe Bergmann, Rudi Dutschke, Wolfgang Levebre, und Bernd Rabehl, 33–93. Reinbek bei Hamburg: Rowohlt.

Fromm, Erich. 1936. Sozialpsychologischer Teil. In *Studien über Autorität und Familie. Forschungsbericht aus dem Institut für Sozialforschung.* Vollständige Ausgabe. Bd. 1. Hrsg. Institut für Sozialforschung, 77–135. Paris: Alcan.

Fromm, Erich. 1941. *Escape from freedom.* New York: Farrar & Rinehart.

Fromm, Erich. 1980. *Arbeiter und Angestellte am Vorabend des Dritten Reiches. Eine sozialpsychologische Untersuchung.* Stuttgart: Deutsche Verlags Anstalt. (Bearbeitet und herausgegeben von Wolfgang Bonß).

Horkheimer, Max, und Theodor W. Adorno. 1952. Vorurteil und Charakter. *Frankfurter Hefte* 4 (1952): 284–291.

Institut für Sozialforschung, Hrsg. 1936. *Studien über Autorität und Familie. Forschungsbericht aus dem Institut für Sozialforschung.* Vollständige Ausgabe. Paris: Librairie Félix Alcan.

Kant, Immanuel. 1964. Beantwortung der Frage: Was ist Aufklärung? In *Immanuel Kant Werke in sechs Bänden,* Hrsg. Wilhelm Weischedel, 53–64. Darmstadt: Wissenschaftliche Buchgesellschaft.

Krahl, Hans-Jürgen. 1985. *Konstitution und Klassenkampf. Schriften und Reden 1966–1970.* Frankfurt a. M.: Verlag neue kritik.

Le Bon, Gustave. 2011. *Psychologie der Massen.* Übers: R. Eisler. Hamburg: Niko-Verlag.

Lederer, Gerda. 1995. Die „Autoritäre Persönlichkeit": Geschichte einer Theorie. In *Autoritarismus und Gesellschaft. Trendanalysen und vergleichende Jugenduntersuchungen*

© Springer Fachmedien Wiesbaden 2016   31
J. Benicke, *Autorität und Charakter,* essentials, DOI 10.1007/978-3-658-11184-7

von 1945–1993, Hrsg. Gerda Lederer und Peter Schmidt, 25–51. Opladen: Leske und Budrich.

Mann, Heinrich. 1996. *Der Untertan: Roman.* Frankfurt a. M.: Fischer Taschenbuch-Verlag.

Marx, Karl. 1969. *Die deutsche Ideologie.* Bd. 3, Hrsg. Karl Marx und Friedrich Engels, 53–64. Berlin: Dietz-Verlag (Werke).

Marx, Karl, und Friedrich Engels. 1970. *Die heilige Familie, oder Kritik der kritischen Kritik. Gegen Bruno Bauer und Konsorten. Werke Band 2.* Berlin: Dietz-Verlag.

Oesterreich, Detlef. 1993. *Autoritäre Persönlichkeit und Gesellschaftsordnung. Der Stellenwert psychischer Faktoren für politische Einstellungen – eine empirische Untersuchung von Jugendlichen in Ost und West.* München: Juventa.

Oesterreich, Detlef. 1996. *Flucht in die Sicherheit. Zur Theorie des Autoritarismus und der autoritären Reaktion.* Opladen: Leske und Budrich.

Pollock, Friedrich. 1955. *Gruppenexperiment. Ein Studienbericht.* Frankfurt a. M.: Europäische Verlagsanstalt.

Reich, Wilhelm. 1934. *Massenpsychologie des Faschismus. Zur Sexualökonomie der politischen Reaktion und zur proletarischen Sexualpolitik.* 2. Aufl. Kopenhagen: Verlag für Sexualpolitik.

Rippl, Susanne, Angela Kindervater, und Christian Seipl. 2000. Die autoritäre Persönlichkeit. In *Autoritarismus. Kontroversen und Ansätze der aktuellen Autoritarismusforschung,* Hrsg. Susanne Rippl, Angela Kindervater, und Christian Seipl, 13–30. Opladen: Leske und Budrich.

Schmidt, Peter. 1995. Einleitung. In *Autoritarismus und Gesellschaft. Trendanalysen und vergleichende Jugenduntersuchungen von 1945–1993,* Hrsg. Gerda Lederer und Peter Schmidt, 12–21. Opladen: Leske und Budrich.

Schwandt, Michael. 2009. *Kritische Theorie. Eine Einführung.* Stuttgart: Schmetterling Verlag.

Weyand, Jan. 2000. Zur Aktualität der Theorie des autoritären Charakters. In *Theorie des Faschismus – Kritik der Gesellschaft,* Hrsg. jour fixe-initiative Berlin, 55–76. Münster: Unrast-Verlag.

Wiggershaus, Rolf. 1988. *Die Frankfurter Schule. Geschichte. Theoretische Entwicklung. Politische Bedeutung.* München: dtv.

Zuckermann, Moshe. 2000. Faschismus, autoritärer Charakter und Kulturindustrie. In *Theorie des Faschismus – Kritik der Gesellschaft,* Hrsg. jour fixe-initiative Berlin, 77–91. Münster: Unrast-Verlag.